I0792372